Todo el material de este libro fue verificado como correcto en el momento de su publicación.

Los nombres, marcas comerciales y logotipos de las entidades y marcas nombradas en este libro son propiedad de sus respectivos dueños y se utilizan únicamente con fines de identificación. Este libro es una publicación de Quarto Publishing plc y no ha sido preparado, aprobado, respaldado o licenciado por ninguna otra marca, persona o entidad.

Un agradecimiento especial a Mike Burton (California State University, East Bay) y a todos los bibliotecarios increíblemente serviciales de todo el Estado Dorado. —H.A.

A Marc, Rocket y Gidget, ¡no veo las horas de hacer nuestro viaje!— J.T.

Publicado por primera vez en 2025 por Wide Eyed Editions, un sello de The Quarto Group. 100 Cummings Center, Suite 265D, Beverly, MA 01915, Estados Unidos.
Teléfono: +1 978-282-9590 Teléfono: +1 078-283-2742 **www.Quarto.com**

EEA Representation, WTS Tax d.o.o., Žanova ulica 3, 4000 Kranj, Slovenia.
www.wts-tax.si

Un registro CIP para este libro está disponible en la Biblioteca del Congreso

ISBN 978-0-7112-9777-7
Libro electrónico (ebook) ISBN 978-0-7112-9778-4

Las ilustraciones fueron creadas digitalmente.
Las fuentes usadas son Quicksand y Thirsty Script

Publicado por Debbie Foy
Diseñado por Myrto Dimitrakoulia
Editado por Lucy Brownridge
Producción por Dawn Cameron
Traducio por Linda Ruggeri

Fabricado en Guangdong, China TT112025

9 8 7 6 5 4 3 2 1

MIXTO
Papel | Apoyando la silvicultura responsable
FSC® C016973

Solo en California

Escrita por **Heather Alexander** · Ilustrada por **Jen Taylor**

WIDE EYED EDITIONS

Contents

Bienvenidos a California

Súbete al auto (imaginario) porque vamos a hacer un viaje alocado por carretera para vivir todas las cosas EXTRAÑAS y MARAVILLOSAS que tiene este estado enorme e increíble. O sea, ¿dónde más puedes ir a surfear, esquiar, al estreno de una película y a un festival de ajo, todo en el mismo día? Abre la capota (estamos en un convertible porque... ¡hola, sol de California!) y sumérgete en la belleza salada de playas bordeadas de palmeras. Más al norte, a medida que desciende la niebla, nos quedamos boquiabiertos con los bosques frondosos, los lagos resplandecientes, los picos nevados de las montañas y los parques nacionales con secuoyas costeras y secuoyas gigantes . Y cuando regresamos al sureste, nos recibe el esplendor del desierto ardiente. Mientras viajamos, destacaremos la historia, los edificios, las atracciones, los festivales, las plantas, los animales y las personas y todo lo poco convencional, sorprendente y simplemente raro que hacen que California sea una California única.

Un pino y una palmera fueron plantados uno al lado del otro en la autopista 99 cerca de Madera para simbolizar el punto de encuentro entre el norte y el sur de California, pero el CENTRO GEOGRÁFICO del estado se encuentra entre North Fork e Italian Bar.

La **AUTOPISTA 1**, también conocida como la **AUTOPISTA DE LA COSTA DEL PACÍFICO**, es la más popular en California.

¿No te gustar viajar en automóvil? ¿Qué tal una caminata súper larga? **El PACIFIC CREST TRAIL** comienza justo al norte de la frontera con México, atraviesa California, Oregón y Washington, y no termina hasta que llega a Canadá, a 2,650 millas de distancia.

BALBOA PARK es incluso ¡más grande que el Central Park de Nueva York! ¿Puedes agarrar el anillo de bronce mientras giras en el histórico CARRUSEL construido en 1910?

Cada año, más de 100,000 megafans asisten a la COMIC-CON INTERNATIONAL vestidos como sus personajes favoritos. ¿Qué personaje serías tú?

El PUENTE SAN DIEGO-CORONADO está pintado de azul brillante para mezclarse con el cielo y la bahía de San Diego.

San Diego

Nuestro recorrido comienza en la parte sur del estado, justo al otro lado de la frontera con México, con una visita a la soleada ciudad de San Diego y ciudades costeras cercanas. Con cielos azules brillantes, kilómetros de playas y un puerto natural de aguas profundas, ¡aquí es siempre verano! La gente encuentra cualquier excusa para disfrutar de la vida al aire libre a lo largo, dentro y sobre el frío Océano Pacífico.

En 1904, el enorme HOTEL DEL CORONADO ("el Del") regaló al país el primer árbol de Navidad al aire libre iluminado eléctricamente. Antes de esto, los árboles de Navidad al aire libre se decoraban con velas.

El enorme *USS Midway*, atracado en Navy Pier, fue el portaaviones con más años de servicio, cumpliendo su deber patriótico desde justo después de la Segunda Guerra Mundial hasta la Guerra del Golfo, y ahora es un museo flotante.

En WRECK ALLEY, los buzos se sumergen en las profundidades del agua para explorar enormes barcos que se hundieron para crear un arrecife artificial.

En un CRUCERO DE AVISTAMIENTO DE BALLENAS, puedes llegar a ver la BALLENA GRIS DE CALIFORNIA, el mamífero marino oficial del estado. Estos encantadores gigantes migratorios viajan más de 12,000 millas cada año.

¿A quién llamas pez dorado? El GARIBALDI es un pez damisela de color rojo-anaranjado que nada cerca de las cuevas de La Jolla. Puede llevar el nombre de Giuseppe Garibaldi, un soldado italiano del siglo XIX cuyo ejército llevaba camisas rojas en la batalla. El Garibaldi es el pez oficial del estado.

Frota la cubierta de la *ESTRELLA DE LA INDIA*, el velero activo más antiguo del mundo (¡sobrevivió a un ciclón y a un motín!), atracado en el Museo Marítimo de San Diego.

Estadísticas y Datos

DATOS RÁPIDOS

ABREVIATURA: CA
CAPITAL: Sacramento
SE DECLARÓ ESTADO: 9 de septiembre de 1850, 31 estado
NÚMERO DE CONDADOS: 58
POBLACIÓN: Alrededor de 40 millones. Uno de cada ocho estadounidenses vive en California. ¡Casi dos millones de personas más viven en California que en Canadá!
SUPERFICIE: 164,000 millas cuadradas. Es el tercer estado más grande en cuanto a área total.

El apodo de EL ESTADO DORADO proviene de la fiebre del oro y de los campos de amapolas doradas, la flor estatal, que florecen en primavera.

El lema del estado, "¡EUREKA!" (una antigua expresión griega que significa "¡Lo he encontrado!"), se refiere al descubrimiento de oro en la cordillera de la Sierra Nevada. Eureka es también el nombre de una ciudad portuaria en la parte noroeste del estado.

El OSO GRIZZLY DE CALIFORNIA que figura en la bandera y en el sello del estado es el animal oficial del estado. Antes de que la fiebre del oro atrajera a miles de personas a mediados del 1800, los osos eran abundantes. Pero para los 1920, los humanos los habían matado a todos, y hoy California es el único estado con un animal estatal oficial EXTINTO.

Y ese oso en la bandera no es un oso pardo cualquiera. Se llamaba Monarch y pesaba la impresionante cifra de 1,100 libras. Fue capturado por Mount Gleason en 1889, como parte de un truco publicitario del magnate de los periódicos William Randolph Hearst, y vivió infelizmente en cautiverio hasta su muerte en San Francisco 22 años después.

Los Vecinos

NORTE: OREGÓN

OESTE:

CALIFORNIA OBTUVO SU NOMBRE POR ERROR

En los años 1500, una novela romántica española sobre una mítica isla paradisíaca llamada California se hizo muy popular. La isla estaba gobernada por una reina negra guerrera llamada Calafia y estaba llena de oro. Cuando los exploradores españoles navegaron hacia el norte desde México, se encontraron con una tierra rodeada de agua. Asumieron que era una isla, así que le pusieron el nombre del libro que tanto les gustaba. Eventualmente, descubrieron que el agua estaba en solo tres lados, lo que la convertía en una península. La península se conoció como Baja California, y la parte continental se llamó Alta California. Y cientos de años después, ¿qué crees que se descubrió aquí? ¡Oro!

EN EL PAÍS, CALIFORNIA TIENE LA MAYOR CANTIDAD DE:

- Gente
- Diversidad lingüística (se hablan más de 220 idiomas)
- Acres de tierras de cultivo orgánicas
- Parques nacionales
- Automóviles
- Esmog
- Restaurantes por persona
- Celebridades

SUPERLATIVOS ESTATALES

- Mount Whitney (14,500 pies) es el punto más alto de la parte baja de los EE. UU.
- El Badwater Basin del Valle de la Muerte, (282 pies bajo el nivel del mar) es el punto más bajo de los EE. UU. ¡Los puntos más bajos y más altos de la parte baja de los EE. UU. están en California y a solo 80 millas de distancia!
- El Salton Sea (227 pies bajo el nivel del mar) es el lago más bajo de los EE. UU.
- Furnace Creek en el Valle de la Muerte alcanzó la temperatura más alta de América del Norte con 134 grados Fahrenheit el 10 de julio de 1913.
- Con 20,105 millas cuadradas, el condado de San Bernardino es el CONDADO MÁS GRANDE DE EE. UU. por área y es más grande que nueve estados.
- El condado de Los Ángeles es el CONDADO MÁS POBLADO de la nación, ¡tiene más habitantes que 40 estados individuales!

OCÉANO PACÍFICO SUR: MÉXICO ESTE: NEVADA Y ARIZONA

Los Ángeles

¡Luces! ¡Cámara! ¡Destellos! Prepara tus cámaras: hemos llegado a Los Ángeles (también conocida como la Capital Mundial del Entretenimiento) a tiempo para un evento repleto de estrellas. Durante el día, verás docenas de películas, programas de televisión y videos que se filman en la gran ciudad y en lotes de estudios históricos que puedes recorrer. Por las noches, los flashes de los paparazzi iluminan a los famosos que se presentan a los estrenos glamorosos. ¡Únete, saluda a tus fans y posa para las fotos!

Colorida CALLE OLVERA, La calle original de la ciudad y ahora un Mercado mexicano, es conocida como el lugar donde nació Los Ángeles.

La INDUSTRIA CINEMATOGRÁFICA comenzó en Nueva Jersey, pero se mudó aCalifornia para escapar de los reclamos legales del inventor de la bombilla de luz Thomas Edison. ¡La luz del sol fue una ventaja!

En los PREMIOS DE LA ACADEMIA, también llamados los Oscar, las estrellas de cine caminan por la ALFOMBRA ROJA: excepto la alfombra es realmente color borgoña. Es un tono más favorecedor para fotos.

Los ganadores del Oscar no pueden vender su TROFEO sin primero ofrecerlo a la Academia porun dólar.

El famoso LETRERO DE HOLLYWOOD originalmente decía "Hollywoodland". Era una cartelera publicitaria para un desarrollo inmobiliario.

¡Mira hacia arriba para ver las estrellas! Para una vista espectacular de la ciudad, haz una caminata al OBSERVATORIO GRIFFITH y observa las estrellas a través de su telescopio refractor Zeiss.

Lo tienda más cara del mundo está en RODEO DRIVE. Un traje en la casa de Bijan parte desde los $12,000. ¡Ay!

Más de 2,500 fósiles del GATO DIENTES DE SABLE de la Edad del Hielohan sido descubiertos en LOS POZOS DE ALQUITRÁN DE LA BREA en el medio de la ciudad.

Hoy en día, los ricos y famosos viven en BEVERLY HILLS. Pero, ¿sabías que el barrio una vez fue un rancho de frijoles Lima?

Mira hacia abajo para ver ¡las estrellas! A lo largo del PASEO DE LA FAMA DE HOLLYWOOD, más de 2,600 estrellas están inscritas con los nombres de celebridades.

LOS ÁNGELES ¡es una abreviatura! El nombre completo solía ser El Pueblo de Nuestra Señora la Reina de Los Ángeles de Porciúncula. ¡Qué bocado!

Cronología Histórica

En el 10,000 A.C., tribus indígenas llamaban "hogar" a lo que ahora es California. Hay más de 500 tribus, entre ellas los Cahto, Cahuilla, Chumash, Kumeyaay, Maidu, Miwok, Modoc, Mojave, Ohlone, Paiute, Pomo, Tolowa, Wintun y Yuma.

1542
Juan Rodríguez Cabrillo, el primer europeo en explorar lo que hoy es California, navegó hacia la Bahía de San Diego, luego subió por el río Ruso, reclamando la tierra para España. ¿Y qué hizo España? Nada. ¡Por casi 200 años!

1579
Sir Francis Drake desembarcó cerca de Punta Reyes, reclamando ese territorio para Inglaterra y llamándola Nova Albion.

1849 La fiebre del oro hace estallar una gran inmigración procedente de China. El primer restaurante chino conocido del país se abre en San Francisco.

1850 El 9 de septiembre California se convierte en el 31 estado.

1868 Se establece la Universidad de California.

1869 Se completa la primera via del ferrocarril transcontinental, haciendo más fácil el viajar a California. Más de 14,000 obreros chinos trabajan bajo condiciones brutales para colocar vías que vanhacia el este.

Los 1870s California se convierte en un estado agrícola importante, al principio creciendo trigo, luego cítricos, uvas, hortalizas, frutos secos, y más.

1890 Se establece el parque nacional Yosemite.

1906
Un terremoto enorme sacude a San Francisco

1942–45 Ciudadanos japoneses americanos son encarcelados en campos de internamiento. No hicieron nada malo, pero fueron escogidos por su raza y el temor injustificado de que ayudarían al enemigo.

1945 El padre de Sylvia Méndez presenta una demanda que proscribirá la segregación México-Americana en las escuelas de California.

1955
Disneyland abre en Anaheim.

1962
César Chávez y Dolores Huerta sindicalizan a los trabajadores agrícolas.

1966 TEl Partido de las Panteras Negras se funda en Oakland por Huey P. Newton y Bobby Seale para luchar por la igualdad política y económica. Más adelante proporcionará desayuno gratuitos para los niño.s

1967 El "Verano del amor" atrae a los hippies y músicos al barrio Haight-Ashbury de San Francisco.

1974 Presidente de EE. UU. Richard Nixon renuncia. El nativo de California sigue siendo el único que lo ha hecho.

69 El padre Junípero Serra, sacerdote nciscano, viaja desde México a San Diego ara comenzar la primera de las 21 misiones osteras a lo largo de el sendero llamado El amino Real. El sistema de misiones estaba estinado a convertir a los pueblos nativos al ristianismo, pero resulta en la muerte de más de un tercio de la población indígena.

1776 Se firma la declaración de independencia de Estados Unidos.

1804 El primer cultivo de naranjas de California se planta en la Misión de San Gabriel.

1821 México gana la guerra contra España para su independencia y California se convierte en un territorio mexicano.

1834 El sistema de misiones termina.

1846–48 México y EE. UU. entran en guerra (sobre todo por quién obtiene Texas). Estados Unidos gana, y México vende California y otros territorios a los EE. UU. por solo 15 millones de dólares.

1848 James Marshall descubre oro en el aserradero de Sutter en Coloma, comenzando la fiebre del oro. Un enjambre de 300, 000 buscadores de fortuna arriban dañando a las poblaciones nativas y el medio ambiente.

1910 Angel Island abre sus puertas como punto de entrada a Estados Unidos para muchos inmigrantes. Sin embargo, también sirve como prisión a cientos de chinos inmigrantes porque el Congreso de los EE. UU. aprobó una ley en 1882 que prohibía la inmigración a los chinos. Ese acto no se anuló por 60 años

1911 California otorga a las mujeres el derecho al voto.

1927 La primera película con sonido (llamada una "hablada") se hace en Los Ángeles.

1930s Durante la Gran Depresión, miles de agricultores del Dust Bowl se trasladan de Las Grandes Llanuras a California.

1941 EE. UU. se une a la Segunda Guerra Mundial después del bombardeo japonés a Pearl Harbor en Hawái.

1939 David Packard y Bill Hewlett inician su empresa de informática en un garaje de Palo Alto.

1937 El puente Golden Gate se abre en San Francisco.

1976 Steve Jobs y Steve Wozniak inician Apple Computers en Los Altos. El Valley de la Silicona pronto se convertirá en elcentro mundial de innovación informática.

1978 Harvey Milk de San Francisco se convierte en el primer funcionario electo LGBTQ+ (y uno de los primeros en el país).

2004 *SpaceShipOne*. es la primera misión privada tripulada al espacio, despega del desierto de Mojave.

2020 California es el primer estado en ordenar un confinamiento durante la pandemia global del Coronavirus.

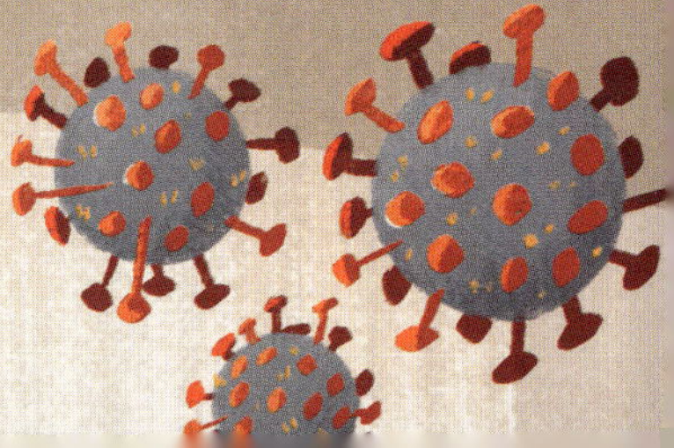

El Valle Central

¿Tienes hambre? Detengámonos en uno de los muchos puestos de frutas o en una granja de cosecha propia. El Estado Dorado cultiva más de un tercio de las hortalizas del país y dos tercios de sus frutas y frutos secos, y la mayor parte de ese cultivo ocurre aquí mismo, en el fértil Valle Central. Con una extensión de 450 millas, el Valle Central está en el medio del estado y es plano como un panqueque. El suelo es rico en nutrientes, el clima templado con brisas oceánicas frescas, y casi 300 días al año de sol, creando las condiciones perfectas para el cultivo. Aguacates, fresas, pistachos, albaricoques, ciruelas...

Una gruesa niebla blanca de TULE CUBRE el Valle en las mañanas de invierno. Los automovilistas lo odian porque hace que las carreteras sean difíciles de ver. A los agriculto les encanta porque la niebla protege a las plantas jóvenes c la luz solar y la condensación de las aguas de los cultivos.

El Valle Central es realmente DOS VALLES: el de San Joaquín al sur y el de Sacramento al Norte.

La ALCACHOFA es la verdura oficialdel estado. Inmigrantes italianos comenzaron a cultivar alcachofas en California a finales de 1800.

Los agricultores del Valle Central producen alrededor de 250 CULTIVOS DIFERENTES. Más del 90% de almendras, albaricoques, alcachofas, brócoli, coliflor, apio, higos, ajo, kiwis, nectarinas, aceitunas, caquis, pistachos, ciruelas, granadas, pasas, espinacas, tomates enlatados y nueces se cultivan aquí

El GIRASOL es originario de América. La gente ha usado sus semillas para hacer harina y tintas para ropa por más de 500 años. Hoy en día se cultiva sobre todo para producir aceite de cocina.

LOS TRABAJADORES AGRÍCOLAS vienen de México, y otros países de todo el mundo para plantar, cuidar, y cosechar los cultivos. Sin ellos, los cultivos nunca llegarían a nuestras mesas.

¡Las tierras de cultivo sedientas necesitan agua! En tiempos de sequía, las granjas del Valle Central enfrentan DESAFÍOS DE AGUA. ¿Puedes adivinar cuáles cultivos necesitan más agua? La alfalfa (alimento para vacas), las almendras y los pistachos.

Durante la Gran Depresión, el joven CESAR CHAVEZ y su familia mexicoamericana eran trabajadores migrantes, que viajaban de granja en granja en California. En los años 60, Chávez y DOLORES HUERTA sindicalizaron a los trabajadores e hicieron huelgas pacíficas, boicots y marchas para aumentar los sueldos y mejorar las condiciones de trabajo. Más adelante, el sindicato se llamó la Unión de Campesinos de América (UFW, por sus siglas en inglés).

Deportes espectaculares

El surf es el deporte oficial del estado, pero los lugareños amantes de las actividades al aire libre también se pueden ver corriendo, deslizándose y pedaleando en los campos, senderos, montañas y canchas.

California enloquece por el SURF desde que tres príncipes hawaianos adolescentes montaron sus tablas de secuoya frente a la costa de Santa Cruz en 1885. Hoy en día, los longboarders más valientes escalonan olas gigantes de 50 pies (¡más alto que un edificio de apartamentos!) en los MAVERICKS cerca de Half Moon Bay. Menos mal que el TRAJE DE NEOPRENO fue inventado en ¡California!

En el concurso anual de DOG SURFING en Huntington Beach (también conocida como Surf City USA), los sabuesos montan una ola y cuelgan veinte. Son juzgados por su altanería y duración sobre de la ola.

¿Qué obtienes cuando cruzas un esquí acuático con el surf? ¡Un WAKEBOARD! Tony Finn ayudó a empezar el deporte en 1985 en San Diego con su invento el "Skurfer".

California tiene más EQUIPOS PROFESIONALES En las GRANDES LIGAS que cualquier otro estado. La última página de este libro tiene una lista. ¿Cuántos puedes nombrar?

California es el único estado en alojar los JUEGOS OLÍMPICOS de VERANO (Los Ángeles en 1932 y 1984) e INVIERNO (Palisades Tahoe en 1960). Marca tu calendario: Los Juegos Olímpicos de Verano vuelven a Los Ángeles en 2028.

Popularizado por surfistas que se aburrían cuando las olas eran bajas, el SKATEBOARDING originalmente se lamaba Surf en la acera. Haz un Kickflip y un ollie en los skate parks de San Diego cada 29 de mayo para celebrar a TONY HAWK, el primer skateboarder en completar una rotación área de 900 grados.

Las hermanas mega-superestrellas del TENIS, Serena y Venus Williams hicieron sus primeros aces en las canchas públicas de Compton con su padre como entrenador.

En 1948, Santa Mónica celebró la primera competicion de VÓLEIBOL DE PLAYA con un premio: ¡una caja de Pepsi!

¡Manos en alto! La primera OLADE estadio lleno fue grabada durante una final entre los Atléticos de Oakland y los Yankees de Nueva York en el Coliseo de Oakland en 1981.

La BMX (motocross de bicicleta) entró en acción después de que jóvenes del sur de California comenzaron a competir con sus bicicletas en pistas de tierra, imitando a sus héroes del motocross.

EL CICLISMO DE MONTAÑA nació cuando un grupo de adolescentes a principios de los 70 anduvieron en bicicletas de una sola marcha, con cubiertas con cámara de aire, a lo largo de la terreno árido del Monte Tamalpais en el condado de Marin.

Nativos de California, las superestrellas del FÚTBOL Landon Donovan y Alex Morgan tienen el récord de goles en la selección nacional de los EE. UU. Landon comenzó jugando a los 5 años, pero Alex no empezó hasta los 14.

¡Las MASCOTAS hacen que los partidos sean divertidos! Algunas de las más extravagantes son:

Boltman (SD Chargers)
Cecil the Sagehen
(Pomona College/Pitzer College)
Chuck the Condor (LA Clippers)
Lou Seal/Luigi Francisco Seal
(SF Giants)
Peter the Anteater (UC Irvine)
Rampage (LA Rams)
Sammy the Banana Slug
(UC Santa Cruz)
San Diego Chicken (SD Padres)
SJ Sharkie
(San Jose Sharks)
Sourdough Sam
(SF 49ers)
Stanford Tree
(Stanford University)
Stomper the Elephant
(Oakland Athletics)
Wild Wing
(Anaheim Ducks)
Willie the Wave
(Pepperdine)

La cascada de MCWAY, de ochenta pies, es una de las dos únicas cascadas en el estado que fluyen directamente al océano durante la pleamar. La otra es la cascada de Alamere en el condado de Marin.

Los BOSQUES SUBMARINOS DE ALGAS MARINAS hospedan a más de 1,000 criaturas marinas. A diferencia de los árboles, las algas marinas no tienen raíces, pero usan sujetadores con forma de garra para aferrarse a superficies duras.

El MONTEREY BAY AQUARIUM se usó como inspiración para la película Buscando a Dory. ¡Visita el acuario para tocar las rayas murciélago y estrellas de mar!

Cuando los DELFINES NARIZ DE BOTELLA duermen, apagan solo la mitad del cerebro, y el ojo opuesto. La otra mitad del cerebro permanece despierto, alerta a depredadores y obstáculos.

BIXBY BRIDGE, uno de los puentes más altos de una sola arcada, fue construido por prisioneros de la Prisión Estatal de San Quentin a cambio de una reducción de sus sentencias.

El pueblo de CARMEL BY THE SEA no tiene direcciones de calle, por lo que dar direcciones suena algo como, "tercera cabaña después de la gran casa azul que está a dos cuadras del centro de la ciudad".

Para evitar estar a la deriva en el mar cuando descansan y comen, NUTRIAS MARINAS flotan lado a lado en grupos de 10 a 100, formando una balsa al envolverse en hebras de algas marinas.

El gracioso del ELEFANTE MARINO DEL NORTE puede contener la respiración bajo el agua hasta por dos horas. Cuando un macho enorme se enoja, su nariz bulbosa ¡Se infla como un globo!

Big Sur

Ahora, ¡esto es el Soñar Californiano! La pacífica Big Sur, enmascarada por la niebla o bañada en la luz del sol, es dramática: acantilados escarpados, imponentes cipreses, el romper de las olas, playas remotas, majestuosa vida marina, y pozas de marea. No es de extrañar que la mágica Central Coast haya atraído e inspirado a naturalistas, artistas y músicos por años.

Árboles y Flores

¿Puedes creer que California alberga la mayor cantidad de especies de plantas que cualquier otro estado? Al menos un tercio de sus plantas nativas no se encuentran ¡En ningún otro lugar del país!

GENERAL SHERMAN es el nombre del árbol viviente de más grande de un solo tallo. Este SECUOYA GIGANTE mide 275 pies de altura y más de 36 pies de diámetro en la base. Algunos de sus ramas son más grandes que la mayoría de los árboles adultos creciendo al este del Mississippi.

La PALMA DE ABANICO DE CALIFORNIA es la única palmera nativa del estado. En 1931, Los Ángeles plantó más de 25,000 palmeras mejicanas súper altas y delgadas. Estos árboles solo viven entre 75 a 100 años y no son buenos para el medioambiente (no ayudan contra la contaminación ambiental, no dan sombra, ni proporcionan fruta que se pueda comer), por lo que la ciudad está reemplazándolos con árboles nativos a medida que se extinguen.

La brillante y naranja CALIFORNIA POPPY es la flor del estado. Llamada “Copa de Oro” por los primeros colonizadores españoles, los pueblos indígenas la usaban para tratar dolores de muelas y de cabeza.

El extremo de la NARANJA DE OMBLIGO ¡parece un ombligo! Cultivada por primera vez en Riverside en los 1870, esta fruta jugosa y sin semillas causó la “segunda fiebre del oro” del estado, pero esta vez el oro era un cítrico dulce.

Al comienzo del verano del sur de California, y de nuevo en el otoño, los ÁRBOLES DE JACARANDÁ despilfarran flores de azul púrpura. Aunque esa cosa pegajosa en los pétalos parece savia, ¡es el excremento de pulgones deleitándose con el néctar de flores!

Ninguna flor dice Navidad como la POINSETTIA. En una época, el Rancho Ecke en Encinitas produjo más del 90% de todas las poinsettias (también llamada flor de langosta y flor de hoja de fuego) compradas en los EE. UU.

Las hojas de la nativa CALIFORNIA YARROW tienen un olor amargo. Uno de sus apodos es "La Pimienta de Un Viejo". ¡Puedes usar yarrow para parar una hemorragia nasal!

Ayuda a las mariposas monarca plantando ALGODONCILLO en tu jardín. Durante dos semanas de su vida, las orugas monarca deben masticar hojas de algodoncillo para transformarse en crisálidas y luego mariposas naranjas y negras. En el invierno, las monarcas migratorias a menudo se detienen en Pismo Beach.

Las FLORES DEL MONO tienen una carita divertida que parecen monos sonrientes y son polinizados por colibríes.

El CACTUS NOPAL es casi totalmente comestible (solo asegúrate de eliminar todas las espinas primero). Las hojas se utilizan para hacer nopales, y la fruta acida, de color fucsia, se machaca para hacer mermelada e incluso helados.

Muchas de las 40 especies de SUCULENTAS nativas de California se denominan siempre vivas porque duran hasta 100 años en la naturaleza. No para siempre, pero casi.

San Francisco

¡Coge tu cámara! Estamos llegando al puente más fotografiado del mundo: el Golden Gate Bridge, que conecta la vibrante ciudad de San Francisco al condado de Marin. El puente parece rojo, pero en realidad es naranja. La marina estadounidense quería que fuera gris o a rayas negras y amarillas; sin embargo, una vez que el arquitecto Irving Morrow vio el acero con la pintura de base rojo-naranja, le gustó cómo complementaba la bahía azul grisácea de San Francisco, y como se mezclaba con las colinas doradas, destacándose en la niebla matutina. ¡Así se hace, Irving!

La espesa NIEBLA de la ciudad tiene un apodo: ¡Karl! Escucha el anuncio de sirenas de niebla anunciando las visitas de Karl.

LOROS VERDES con cabezas rojas se elevan por encima de las calles ajetreadas. Originarios del Ecuador y Perú, fueron traídos aquí como mascotas. Unos pocos escaparon y ahora las bandadas llaman a la Ciudad de la Bahía su casa.

De punta a punta, más o menos 14.362 lápices cabrían a lo largo de las 1.7 millas del PUENTE COLGANTE.

La bahía de San Francisco tiene EL PUERTO CERCADO DE TIERRA más grande del mundo.

Los TRANVÍAS fueron construidos en 1873 para subir y bajar por las muchas colinas empinadas de la ciudad. Una de las primeras conductoras de color de tranvías de San Francisco tenía 16 años, y era Maya Angelou antes de se convirtiera en una célebre poeta.

¿Podrías escapar? de ALCATRAZ? La infame isla-prisión albergó a algunos de los criminales peligrosos más importantes del país, incluido el gángster Al Capone.

Vivir en el muelle de la bahía . . . En la encantadora Sausalito, casas flotantes extravagantes y lujosas proporcionan VIVIENDAS para muchas familias.

El puente Golden Gate puede actuar como un TERMÓMETRO! Está hecho de acero, por lo que se expande y se contrae con los cambios de temperatura, haciendo que la calzada se levante y caiga hasta 16 pies.

CHINATOWN, en la avenida Grant de San Francisco, nació en 1846, convirtiéndola en la más antigua de América del Norte.

Algunos dicen que la niebla hace que el SABOR DEL PAN DE MASA MADRE de la ciudad sea tan rico. No estoy segura de que sea cierto, pero ese pan se remonta a la fiebre del oro, cuando mineros viajeros llevaban masa madre con ellos para que siempre pudieran hornear pan fresco.

¡Puaj! El olor del guano, o caca de pájaro, saliendo de las ISLAS FARALLÓN, al oeste del puente Golden Gate, se puede sentir desde barcos a más de media milla de distancia. Másmás de 300,000 aves marinas anidan en las islas rocosas.

¡Una manada de BISONTES deambula por el interior del parque del GOLDEN GATE! Los primeros bisontes fueron traídos aquí en los 1890, como un símbolo del lejano Oeste .

Ponte un disfraz y únete a la mascota del gorila rosa, Ape Hashbury, en la carrera BAY TO BREAKERS, corriendo desde el Embarcadero hasta donde las olas rompen en Ocean Beach.

Museos y Atracciones

¿Qué es mejor que las emociones fuertes en los parques de atracciones y las exhibiciones curiosas en los museos? ¡Cuando se amplifican por lo extravagante e inusual!

El físico Larry Shaw inició la celebración del 14 de marzo como "Día de Pi (π)" en el museo de ciencias EXPLORATORIUM en San Francisco. Los primeros dígitos de pi, un largo e interminable número, son 3,14.

La OSA MAYOR en el malecón de Santa Cruz es la montaña rusa más vieja. Cuando se inauguró en 1924, ¡solo costaba 15 centavos para subirse!

¡Que brille el sol! La RUEDA DE LA FORTUNA en el muelle de Santa Mónica es la primera rueda alimentada por energía solar.

En los primeros días del juego de Los Piratas del Caribe de DISNEYLAND en Anaheim, esqueletos humanos reales del centro médico de UCLA fueron utilizados como decoraciones, ¡pero ya no! ¿Sabías que los empleados en Disneyland tienen palabras clave secretas? El "código V" para un "derrame de proteínas" es anunciado cuando algún niño vomita en las tazas de té giratorias.

No cuentes ovejas, ¡cuenta pingüinos! Vive tu propia experiencia de noche en el museo con una divertida fiesta de pijamas en la ACADEMIA DE CIENCIAS de California en San Francisco.

El parque de atracciones KNOTT'S BERRY FARM en Buena Park comenzó como un puesto de ventas de bayas al borde de la carretera que también servía cenas de pollo frito. La familia Knott construyó el parque para entretener a los clientes mientras esperaban una mesa.

¿Sabías que la historia de la informática se remonta a 2,000 años? Aprende sobre la era de la información (y prueba a programar) en el MUSEO DE HISTORIA DE LA COMPUTACIÓN en Mountain View, el corazón del Valle de la Silicona.

Un dinosaurio gigante llamado Brontë ¡vive en el LEGOLAND de Carlsbad! Fue creado con más de dos millones de ladrillos LEGO de colores brillantes. Todas las atracciones en el parque temático están construidos con ladrillos LEGO.

Vuélvete bananas en el MUSEO INTERNACIONAL DEL BANANO en Mecca, luego salta al MUSEO DEL CONEJITO en Alladena.

El RANCHO OBI-WAN enPetaluma alberga la colección de recuerdos de La Guerra de Las Galaxias más grande del mundo.

¡Bu! LA CASA WHALEY en San Diego ha sido llamado la casa más embrujada de América.

Conviértete en un cuidador de zoológico por un día en el ZOOLÓGICO DE SAN DIEGO, que hace cosas importantes para proteger las especies en peligro de extinción.

Las uvas son un tipo de BAYA y pueden ser rojas, moradas, negras, azules, rosas o verdes.

Las uvas que comes son UVAS DE MESA, son más grandes y tienen la piel más delgada y menos semillas que la UVA DE VINO.

Una vez hubo más de 300 PUENTES hecho de ARCOS DE PIEDRA en el Valle de Napa.

Una PASA de uva es una uva seca.

Napa y Sonoma

¡Arriba, arriba y fuera! Estamos a punto de flotar por el cielo en un colorido globo aerostático para tener una vista a vuelo de pájaro de los valles de Napa y Sonoma. Aquí, los viñedos cubren la extensa y ondulada campiña. Esta zona al norte de San Francisco es una de las regiones vitivinícolas más conocidas del mundo (además de Francia, Italia y España). El amanecer es el mejor momento para un paseo en globo, y los valles hermosos y exuberantes brillan con la luz dorada.

La industria vitivinícola comenzó aquí no mucho después de la fiebre del oro, pero fue el padre misionero franciscano Junípero Serra, quien sembró las PRIMERAS UVAS en 1769, para hacer vino para la iglesia.

UN EQUIPO DE RASTREO sigue un globo aerostático en un vehículo de seguimiento. La tripulación coordina con el piloto por radio para averiguar dónde aterrizará. A causa del viento, ¡el lugar de aterrizaje es diferente cada vez!

Una oveja, un pato y un gallo fueron los primeros pasajeros vivos en volar en un GLOBO AEROSTÁTICO, en 1783 en Francia. Estuvieron bien, excepto que ¡La oveja pateó al gallo en pleno vuelo! Da un paseo hoy por el cielo durante el Clásico de Globos Aerostáticos del condado de Sonoma.

Durante el tiempo de cosecha, salta dentro de un barril de uvas recién vendimiadas y pisotéalas DESCALZO. En la antigüedad, así se trituraban las uvas hasta convertirlas en jugo. Hoy en día, se utiliza una prensa.

Gloriosa, Comida Gloriosa

California se trata de ingredientes frescos, y sus platos más famosos reflejan los diversos grupos de alimentosque han hecho del estado su hogar.

¡Guacamole siempre! El AGUACATE en un sándwich lo transforma instantáneamente en un "sándwich californiano". La fruta verde cremosa se introdujo desde México, pero a finales de los 1920, el cartero Rudolph Hass enterró una plántula de aguacate en su patio en La Habra Heights. El árbol produjo una nueva y sabrosa variedad y le puso su nombre. (O sea, ¿no lo harías?)

Dos chefs de SUSHI de Los Ángeles y uno de Canadá afirman haber creado el ROLLO DE CALIFORNIA en los años 70. Enrollaron imitación de cangrejo, pepino, y aguacate en alga marina, pusieron arroz pegajoso por afuera, y de repente ¡todo el mundo estaba antojado de sushi!

¡Pico de azúcar! Los chocolates Ghirardelli, el caramelo masticable Abba-Zaba, y las paletas cuadradas de See's son clásicos caramelos de California. En 2012, See's Candies ganó el récord por la paleta más grande del mundo pesando un dulce 7,003 libras.

Una noche en 1937, Bob Cobb, propietario de el restaurante Brown Derby en Hollywood, sacó lechuga sobrante, aguacates, tomates, pollo, huevos duros, tocino y queso de la nevera, y su ENSALADA COBB salió tan deliciosa que la agregó al menú.

Cada temporada, los aficionados del béisbol comen más de 2,5 millones de perros calientes, incluidos el PERRO DODGER de 10 pulgadas de largo, haciendo que el Dodger Stadium sea el mayor vendedor de perros calientes en la Liga Mayor de Béisbol.

Las PUPUSAS salvadoreñas son tortillas de maíz grueso hechas a mano, rellenas de queso, chicharrón y frijoles, y se sirven con un lado de curtido (ensalada de repollo curtida).

Puedes cocinar a la parrilla finas tiras de BULGOGI y otras carnes deliciosas directamente en tu mesa en los restaurantes de barbacoa coreana.

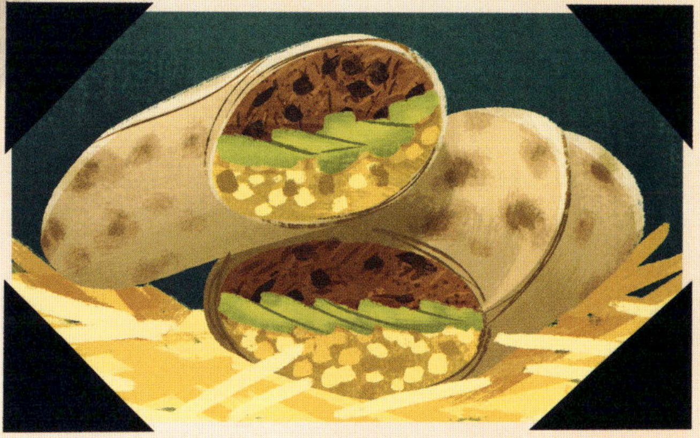

La pequeña isla de Balboa es conocida por sus PLÁTANOS CONGELADOS sumergidos en chocolate y enrollados en nueces.

El delicioso BURRITO CALIFORNIANO de San Diego tiene un ingrediente secreto: ¡papas fritas! En vez, el BURRITO MISIÓN de San Francisco viene envuelto en papel de aluminio y arroz y frijoles son el ingrediente principal.

¿Te gustan los condimentos con un toque de fuego? En la fábrica Huy Fong en Irwindale, 100 millones de libras de chiles se utilizan todos los años para hacer SRIRACHA y otras salsas picantes. TAPATÍO, producida en Vernon, fue creada por un inmigrante mexicano que no pudo encontrar ninguna salsa picante “buena” en California.

Los inmigrantes italianos pescadores solían reunirse en los muelles de San Francisco y cocinaban las sobras de su pesca (cangrejos Dungeness, vieiras, calamares, mejillones, pescado y almejas) en un guiso de mariscos a base de tomate llamado CIOPPINO.

Nuestro sabor favorito de BASTANI, o helado persa, es azafrán-pistacho con agua de rosas... o tal vez lavanda cremosa... o azahar... ¡Tantas opciones!

Cuenta la leyenda que un buscador de oro llego a El Hotel Dorado en Hangtown (ahora llamado Placerville) y exigió el plato más caro. El cocinero preparó la fritura loca de HANGTOWN al revolver huevo con ostras y tocino.

Alerta: Las GALLETAS DE LA FORTUNA no son de China. Se cree que el inmigrante japonés Makoto Hagiwara comenzó repartiendo galletas con notas de agradecimiento escondidas en el interior, en el jardín japonés del Golden Gate Park de San Francisco en los 1890.

La diversión está en el interior cuando muerdes un XIAO LONG BAO, o albóndiga de sopa. Visita el Valle de San Gabriel para algunos de los los XLB más auténticos.

El MAPLE BAR, una rosquilla rectangular untada con jarabe de arce glaseado, es un dulce predilecto en las tiendas de donas de California. Combínalo con el CACTUS COOLER, un refresco de piña y naranja.

Bosques de secuoyas gigantes

Estamos navegando por la costa norte y... ¡Vaya! Mira hacia arriba. ¡Más, más arriba! Las gigantes están ahí. Es decir, las Secuoyas gigantes de la costa. Son los árboles más altos del planeta, alcanzando alturas increíbles de 350 pies (lo mismo que ¡20 jirafas de pie una encima de otra!). Hyperion, en el Redwood National Park, es el árbol más alto del mundo, con 380 pies.

LA activista ambiental Julia Butterfly Hill subió a una secuoya y vivió allí arriba durante 738 días para PROTESTAR la destrucción de estos árboles. Lo consiguió, y salvó tres acres de árboles de las manos de los madereros.

Las SECUOYAS ROJAS GIGANTES y las SECUOYAS COSTERAS son gigantescos árboles centenarios. Las de la costa crecen más altas, pero las secuoyas rojas gigantes tienen troncos más gruesos.

Las secuoyas toman casi el 40% de su agua de la densa NIEBLA costera.

La corteza color canela de las secuoyas es increíblemente gruesa y contiene productos químicos naturales que las blindan contra la amenaza triple de los árboles: insectos, hongos e incendios.

El gélido río Smith fue declarado el RÍO MÁS LIMPIO de los EE. UU. (a excepción de Alaska), y es el último río sin represar en California.

La ARDILLA VOLADORA DE HUMBOLDT usa una membrana como paracaídas para deslizarse desde árbol a árbol.

¿Alguna vez soñaste con vivir dentro de un árbol? LA CASA DE TRONCOS, ahuecada de una sola secuoya en 1946, parece una casa rodante, con sala de estar, comedor, y dormitorios.

¡Yo te tengo! Las secuoyas viven en ARBOLEDAS, por lo que sus raíces extendidas son poco profundas y pueden entrelazarse, literalmente, sosteniéndose unas a otras durante fuertes vientos e inundaciones.

Éstos imponentes árboles tienen ¡CONOS DE PINO DIMINUTOS!

EL ALCE ROOSEVELT, de 1,100 libras, es el mamífero más grande que vive en los bosques de secuoyas, y fue nombrado en honor al presidente Theodore Roosevelt.

Las primeras secuoyas aparecieron más de 240 millones años atrás, durante el tiempo de los DINOSAURIOS, y mucho antes de que existieran los humanos.

¡GUERREROS DEL CAMBIO CLIMÁTICO! A través de la fotosíntesis, las secuoyas costeras capturan más dióxido de carbono (CO2) emitido por combustibles fósiles que cualquier otro árbol de la Tierra.

Steven Spielberg filmó partes de la película El Mundo Perdido: Jurassic Park en FERN CANYON, una de las únicas selvas tropicales de California en el Redwood National Park.

Animales asombrosos

California tiene una amplia gama de diferentes paisajes y climas, por lo que tiene sentido que se jacta no solo de la la mayoría de las especies animales, sino también de las más endémicas (es decir, no viven en ningún otro lugar, sino aquí). Conoce a algunos de nuestros favoritos amigos emplumados, peludos y espeluznantes.

Ahora, ¡eso es un peinado! El ave del estado, la CODORNIZ DE CALIFORNIA, luce un moño que parece un una sola pluma, pero en realidad es un grupo de seis plumas superpuestas.

El CÓNDOR DE CALIFORNIA, la ave voladora más grande de Norteamérica, tiene una envergadura de hasta 10 pies de largo (el largo del suelo al techo en la mayoría de las habitaciones). Estos carroñeros en peligro crítico de extinción, baten sus alas ¡una sola vez por hora mientras se deslizan!

Las SALAMANDRAS DE CALIFORNIA ¡tienen superpoderes para combatir las llamas! Cuando expuestas a un incendio forestal, la capa babosa en la piel de la salamandra se hace espuma y se transforma en una costra de ceniza blanca, protegiéndola de incendiarse.

Los ALCE TULE, los alces más pequeños de América del Norte, fueron recuperados recientemente del borde de extinción. Alrededor de 5,700 alces Tule ahora deambulan por los pastizales del Point Reyes National Seashore y otros parques estatales de California.

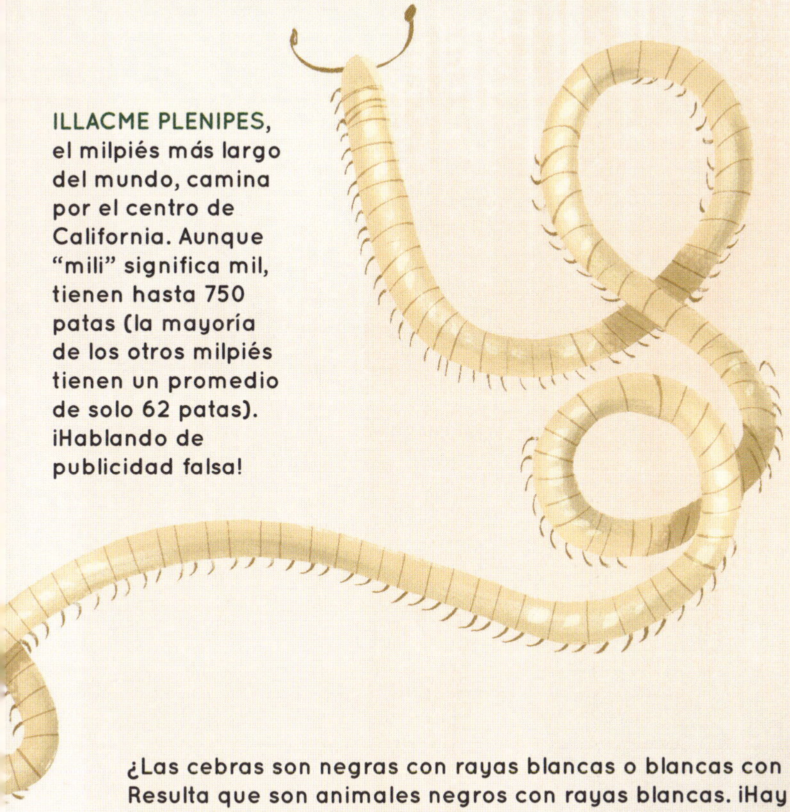

ILLACME PLENIPES, el milpiés más largo del mundo, camina por el centro de California. Aunque "mili" significa mil, tienen hasta 750 patas (la mayoría de los otros milpiés tienen un promedio de solo 62 patas). ¡Hablando de publicidad falsa!

¿Cuál es la diferencia entre un **GATO MONTÉS**, un **PUMA**, y una **PANTERA**? ¡Pregunta ingeniosa! Todos son nombres para el mismo felino grande que se encuentra en los desiertos, montañas nevadas e incluso algunos patios traseros remotos del estado. Estos felinos salvajes pueden saltar hasta 15 pies de altura y correr hasta 50 millas por hora.

¿Las cebras son negras con rayas blancas o blancas con rayas negras? Resulta que son animales negros con rayas blancas. ¡Hay una manada de **CEBRAS** salvajes en la Autopista 1 en San Simeón! William Randolph Hearst, el magnate de los periódicos que construyó el Castillo Hearst, trajo cebras de África como parte de su gran zoológico privado en los años 1920. Después de la muerte de Hearst en 1951, las cebras fueron dejadas a pastar libremente en la ladera con vistas al Océano Pacífico.

¡Y han vuelto! Según la leyenda, la **BANDADA DE GOLONDRINAS DE ACANTILADO** llegan a la Misión de San Juan Capistrano cada 19 de marzo (Día de San José) para construir sus nidos. El 23 de octubre (Día de San Juan), dan vueltas alrededor de las ruinas de la Gran Iglesia de Piedra antes de emprender su migración invernal.

Los **COLIBRÍ ANNA** comen más insectos que cualquier otro colibrí norteamericano. Sus diminutas alas baten súper rápido: ¡alrededor de 40 a 50 veces por segundo! Los colibríes son los únicos pájaros que ¡vuelan hacia atrás!

El alcalde de la ciudad de montaña de Idyllwild ¡es un **GOLDEN RETRIEVER**! Cada fin de semana, el alcalde Max II (nombre completo: Maximus Mighty-Dog Mueller II) se pone una corbata y se sienta en su camioneta para tomar reuniones con los ciudadanos.

La **MARIPOSA CARA DE PERRO DE CALIFORNIA** es el insecto oficial del estado. ¿Puedes detectar la silueta de la cara de caniche en las alas del macho? La hembra es de color amarillo sólido con un punto negro en cada ala.

Los Ahwahneechee, parte de el pueblo MIWOK, construyeron en Yosemite casas de corteza, en forma de cono, para honrar a sus ancestros y reclamar la tierra donde una vez vivieron por miles de años.

La NIEVE DE SANDIA ¡es real! Algas microscópicas con un pigmento especial convierten la nieve de las montañas más altas a un color rosa durante el verano. Pero, al igual que con la nieve amarilla, ¡no te la comas!

El inusual zorro rojo de la SIERRA NEVADA fue avistado en el parque en el 2014 después de no ser visto allí durante casi 100 años. Es posible que solo queden entre 18 y 39 en América del Norte!

Parque Nacional de Yosemite

Todo en el Parque Nacional de Yosemite es gigante: cascadas gigantes, paredes gigantes de granito, valles gigantes, secuoyas gigantes, praderas gigantes. El enorme parque, dentro de la Sierra Nevada, ¡es básicamente del tamaño de Rhode Island! En 1864, el presidente Abraham Lincoln firmó el Gran Acto del Valle de Yosemite que protegió 39,000 acres del Valle de Yosemite y Mariposa Grove. A pesar de que Yosemite no fue el primer parque nacional (es el #3), fue la primera tierra que el gobierno separó para preservarla y protegerla. ¡Un gran logro!

Los inmensos cuernos curvos de los BORREGOS CIMARRONES DE LA SIERRA NEVADA son de queratina, el mismo material que nuestras uñas.

Las cumbres de El Capitán y Half Dome son zonas de recreo para escaladores. Alex Honnold, nacido en Sacramento, fue el primero en escalar SOLO (subir sin ninguna cuerda) la pared rocosa de 3,000 pies de El Capitán, en 2017.

Moisés y Daniel Monterrubio, dos hermanos de San Francisco, establecieron el récord por el slackline MÁS LARGO del parque cuando caminaron por una cuerda de 2,800 pies de largo sobre un barranco de 1,600 pies en 2021.

Senderar a la parte superior de YOSEMITE FALLS, una de las cascadas más altas del mundo, es como subir las escaleras a la parte superior de la Empire State Building, dos veces.

Las SECUOYAS GIGANTES de Mariposa Grove, uno de los árboles más grandes en la Tierra, tienen semillas del tamaño de un copo de avena.

Se cree que el alpinista GALEN CLARK fue la primera persona en contar y medir las secuoyas gigantes de Yosemite. Caminaba descalzo por el parque, porque los zapatos eran "crueles y tontos instrumentos de tortura".

¡Observa un ARCO IRIS POR LA NOCHE! Si el cielo está despejado, la luz de una luna llena puede producir arcos iris de la niebla en una cascada. Se los conoce como arcos iris lunares o arcos lunares.

Alrededor del 85% del AGUA que la gente bebe en San Francisco es el agua de deshielo entubada, que viene del parque nacional Yosemite.

Antes de que se estableciera el Servicio de Parques Nacionales en 1916, Yosemite se patrullaba con los regimientos de BUFFALO SOLDIERS, una infantería de personas de color a caballo, que perseguían cazadores furtivos y ladrones de madera, y extinguían incendios forestales.

Inventos Geniales

Sueña a lo grande en el Estado Dorado y abraza lo nuevo, lo increíble, y lo nunca-antes-visto. Éstas son solo algunas de las muchas invenciones de la California innovadora.

¡Qué dulce! La maestra jubilada Eleanor Abbott, de San Diego, inventó el juego de mesa CANDYLAND en 1948, mientras se recuperaba de poliomielitis en el hospital y buscaba algo divertido para hacer.

Los hermanos Paul y Jim Van Doren fundaron VANS en Anaheim en 1966, y a los skaters del sur de California les encantó la forma en que la suela pegajosa de las zapatillas se aferraban a sus tablas. La idea del cuadriculado blanco y negro salió al ver a los skaters colorear sus zapatillas con fibrones negros.

La BANDERA de ARCO IRIS, un símbolo del orgullo LGBTQ+, fue diseñada por el artista Gilbert Baker de San Francisco en 1978. Cosió la primera bandera a mano.

Frank ZAMBONI inventó la primera máquina para repavimentar el hielo en Paramount en 1949. Antes de su máquina, se necesitaban cuatro trabajadores y más de una hora para limpiar y revestir su pista de patinaje sobre hielo.

Cuando Eric Yuan creó las videoconferencias ZOOM, al principio le costó convencer a inversores a financiar su negocio, porque ¡no pensaron que tendría éxito!

El motor de búsqueda GOOGLE, creado por los informáticos Larry Page y Sergey Brin en 1999, fue nombrado después de un googol, el número 1 seguido de 100 ceros.

IN-N-OUT fue la primera cadena de hamburgueserías a ofrecer servicio en auto para una California coche-dependiente cuandose inauguró en 1948 en Baldwin Park. ¡Ssssh! In-N-Out tiene un menú secreto. Lugareños piden su hamburguesa o papas fritas "estilo animal".

El primer MCDONALD'S era un restaurante de barbacoa iniciado por los hermanos Richard y Maurice McDonald en San Bernardino en 1940. El sándwich de desayuno EGG MCMUFFIN se inventó en Santa Barbara en 1971 por un propietario de la franquicia, Herb Peterson.

Cuando Joseph Friedman vio a su hija batallar tratando de beber un batido de un popote recto, inventó el POPOTE DOBLADO, en San Francisco, en 1937.

Los DORITOS se inventaron en Disneyland para ¡reusar tortillas rancias! El restaurante semi-mexicano del parque usaba las tortillas rancias, le agregaban especias y las fritaban como chips triangulares. Frito-Lay comenzó a producir Doritos ("pequeñas cosas doradas") en 1966.

En 1905, a los 11 años de edad, Frank Epperson de San Francisco inventó la PALETA DE HIELO cuando dejó afuera en el frío una bebida de frutas con un mezclador adentro durante toda la noche. Originalmente llamó a su dulce congelado el Epsicle.

La ayudante moderna para limpiar ventanas, la escobilla de goma (llamada SQUEEGEE ¡Un nombre divertido de decir!), fue inventada en 1936 por el inmigrante italiano Ettore Steccone en Oakland.

Levi Strauss y el sastre Jacob Davis crearon el primer par de JEANS AZULES en 1873 cosiendo tela de Nimes y añadiendo remaches de latón. Para demostrar su robustez, Strauss enganchó dos caballos a un par de jeans para tratar de separarlos. El denim es el tejido oficial del estado.

Bill Winkenbach creó la primera LIGA DE FÚTBOL FANTASY en 1962 con unos amigos. Se llamaba la Liga Profesional de Pronosticadores de Piel de Cerdo del Greater Oakland (GOPPPL), y la estrella de los Oakland Raiders George Blanda fue el primer jugador seleccionado.

La emprendedora angelina y cofundadora de Mattel, Ruth Handler inventó BARBIE en 1959. Nombró a la muñeca en honor a su hija, Bárbara. ¿Puedes adivinar el nombre de su hijo? ¡Ken!

En 1856 (antes de los ferrocarriles y los teléfonos), San Francisco quedó aislada del país por la Sierra Nevada. Un inmigrante noruego apodado RAQUETA DE NIEVE THOMPSON acudió al rescate. ¡Cruzaba las montañas en esquís llevando el correo!

El pueblo WASHOE usaba la orilla del lago como su lugar de veraneo sagrado, llamándolo "Da ow a ga" (que significa "borde del lago"). Se cree que los primeros pobladores confundían las dos primeras sílabas, por lo que el lago se conoce ahora como "Tahoe".

El lago Tahoe contiene un promedio de 37 billones de galones de AGUA DULCE. Es suficiente agua para abastecer a todos en los EE. UU. con 50 galones por Día, durante cinco años!

El lago pierde gran parte de su agua por la EVAPORACIÓN. Si pudieras recoger el agua que se evapora del lago cada 24 horas, cubriría las necesidades diarias de toda la ciudad de Los Ángeles.

El lago Tahoe es uno de los los lagos más TRANSPARENTES del mundo.

¡Cuidado con los dedos de los pies! Cuenta la leyenda que una criatura, tipo Monstruo del lago Ness, llamado TAHOE TESSIE vive en el lago.

¿Puedes estar en DOS LUGARES a la vez? ¡El lago Tahoe puede! Alrededor de dos tercios del lago está en California y un tercio está en Nevada.

Lake Tahoe

Hemos llegado a uno de los parques más populares de California: el lago Tahoe. ¿Quieres (a) nadar y hacer paddleboard en las resplandecientes y claras aguas?; (b) ¿esquiar y hacer snowboard por los picos nevados?; o (c) ¿caminar en los bosques imponentes de pinos? Decimos: (d) ¡todo lo anterior! El lago alpino más grande de América del Norte, el lago Tahoe se encuentra en lo alto de las montañas de la Sierra Nevada. ¿Qué esperas? ¡Juguemos!

El sur de Lake Tahoe recibe un promedio de alrededor de 34 pies de NIEVE al año ¡suficiente para cubrir un edificio de tres pisos! En los 1850, los mineros bajaban por los picos en esquíes de 15 pies de largo. Hoy hay cientos de PISTAS DE ESQUÍ.

Si estuvieras varado en una montaña remota, ¿qué harías para sobrevivir? El paso de Donner, al norte de Lake Tahoe, fue llamado así por el GRUPO DONNER, una caravana de 87 colonos que quedaron atrapados por la nieve durante el invierno de 1846-47. Congelados y hambrientos, sobrevivieron pocos ¡Comiéndose a sus compañeros de viaje!

La corteza gruesa dellos árboles altos JEFFREY PINE huelen a vainilla, caramelo, o piña.

El único pez nativo del lago es la TRUCHA DEGOLLADA DE LAHONTAN. El nombre "degollada" proviene de la rayas rojas debajo de su mandíbula.

En el invierno, la LIEBRE DE COLA BLANCA pierde su pelaje marrón grisáceo y se vuelve completamente blanca.

Festivales divertidos

California está repleta de festivales que son de rascarse la cabeza y a la vez totalmente impresionantes (y a veces un poco de ambos). De peleas de almohadas a saltos de ranas, a helado de ajo, hay algo para todos los gustos.

¿Pie Grande es real? Descúbrelo en el FESTIVAL del PIE GRANDE en Willow Creek, que se autodenomina la Capital Mundial del Pie Grande. Muchos avistamientos del legendario monstruo peludo simiesco (también llamado Sasquatch) han sido reportados allí en los bosques cercanos.

Ingresa tu mega-piña en el concurso más grande del mundo de conos (solo pinos piñoneros y pinos azucareros, por favor) en del FESTIVAL DEL CONO DE PINO en Running Springs.

Para un festejo saltarino, trae tu rana a la FERIA Y JUBILEO DE RANA SALTARINA DEL CONDADO DE CALAVERAS en Angels Camp. Rosie la Ribiter es la rana a vencer, saltó 21 pies, 5.75 pulgadas en 1986.

Frunce el ceño para participar en los concursos de comer tarta de limón en el FESTIVAL DEL LIMÓN DE CHULA VISTA y la FIESTA DEL LIMÓN de GOLETA. No se permiten las manos, así que ¡sumérgete de cabeza en la tarta pegajosa! California cultiva la mayoría de los limones de la nación.

Estos cachorros de aspecto gracioso (muchos de ellos son rescates) en EL CONCURSO DEL PERRO MÁS FEO DEL MUNDO en la Feria de Sonoma-Marín en Petaluma, son iperribilmente lindos!

Es hora de rascarse en el SHOW anual de HIEDRA VENENOSA en Columbia. Compite por los mejores ramos (piensa en un arreglo floral excepto con hiedra venenosa) y el sarpullido del peor aspecto. ¡Nos pica todo de solo de pensarlo!

¡Poder de pétalos! El DESFILE DEL TORNEO DE LAS ROSAS que se celebra el día de año nuevo en Pasadena tiene una regla estricta Cada centímetro de cada flota debe estar cubierto con flores u otros materiales naturales. ¡Se utilizan aproximadamente 18 millones de flores!

¿Tienes cuerdas vocales lo suficientemente fuertes para ganar el Concurso de Aullidos en el COYOTEFEST de COULTERVILLE? Los aulladores se juzgan por la sonoridad y el más auténtico aullido de coyote.

Cada verano, la ciudad de Kenwood ORGANIZA EL CAMPEONATO DE LA PELEA MUNDIAL DE ALMOHADAS. ¡Los concursantes se balancean en un poste de metal engrasado sobre una fosa de barro y dejan volar las plumas!

Para una gran dosis de alegría navideña, pasea en carro por la CHRISTMAS TREE LANE en Altadena, donde cedros de Deodar centellean con luces de colores por casi una milla. Dicen que es la exhibición navideña al aire libre más antigua del país.

Tráete una menta (o dos) a la FIESTA DEL AJO de GILROY y disfruta de papas fritas al ajo, gelatina de ajo y helado de ajo. Dato hediondo: California produce el 90% del cultivo de ajo del país.

Sacramento

"Sac", "Sactown" y "Ciudad de los árboles" son solo algunos de los muchos apodos de Sacramento, la capital del estado, pero "La Ciudad del Rio" describe mejor dónde está ubicada. Cuando el oro se descubrió en las faldas de las colinas de La Sierra Nevada, los mineros aspirantes se apresuraron a llegar a la zona, y muchos navegaron tierra adentro desde San Francisco a través del Río Sacramento. Pero una vez que llegaron a donde el río Sacramento y el río American se encuentran, bajaron de sus barcos y construyeron puestos de comercio y un pueblo.

En 1860, Sacramento fue uno de los lugares del nacimiento del PONY EXPRESS, un servicio de correo de relevos a caballo que recorría más de 1,800 millas entre California y Missouri. Duró solo 18 meses antes de que el telégrafo lo remplazara.

Los fans de los Sacramento Kings establecieron el récord mundial en 2013 de MULTITUD MÁS RUIDOSA.

El MUSEO DE ARTE CROCKER es el museo de arte público más antiguo al oeste del río Mississippi.

Detente y huele las rosas en el ROSEDAL DE LA PAZ MUNDIAL INTERNACIONAL en el State Capitol Park: ¡hay más de 140 variedades de rosas para elegir!

El CAPITOLIO en la capital (alerta: ¡eso es casi un homófono!) se asemeja al doble del de Washington D.C. La esfera enchapada en oro en la parte superior de la cúpula simboliza la fiebre del oro.

La única ciudad del mundo con más ÁRBOLES que Sacramento es París, Francia.

Una gata negra salvaje apodada SENADORA CAPITOL KITTY vivió en el Capitolio durante 13 años (1991-2004). Puedes visitar su tumba cerca de la entrada sur.

Claro que sabes que Sacramento es la CAPITAL DEL ESTADO, pero ¿sabes que no fue la primera opción? De hecho, era una de las seis ciudades que ha servido como capital del estado. Las otras fueron Monterrey, San José, Vallejo, Benicia y San Francisco.

California produce alrededor del 80% de las ALMENDRAS del mundo. En el Centro de Innovación Blue Diamond en Sacramento, científicos alimentarios inventan nuevas y sabrosas formas para usar almendras. ¿Tienes alguna idea?

El amarillo brillante Tower Bridge cruza el RIO SACRAMENTO, el rio más largo y enteramente dentro del estado de California Originalmente, el puente era plateado, pero fue repintado de amarillo oro para que concordara con la cúpula dorada del Capitolio.

¡Di queso! La famosa HAMBURGUESA SQUEEZE illeva una "falda" de queso derretido!

Súbete a bordo del MUSEO DEL FERROCARRIL DEL ESTADO DE CALIFORNIA, el más grande museo de ferrocarriles del país. En 1863, el primer ferrocarril transcontinental, que conectaba la costa atlántica con la costa pacífica, comenzó a funcionar en Sacramento.

La ciudad original es SUBTERRÁNEA. En 1862, una tormenta intensa causó una inundación que sumergió la ciudad entera bajo el agua. Cuando la ciudad fue reconstruida, las calles se elevaron de un piso, creando espacios y túneles subterráneos.

Agentes de cambio

Innumerables californianos creativos y valientes han dejado su huella y han transformado nuestro mundo. Te presentamos solo un puñado de los pensadores influyentes, pioneros, artistas, activistas, atletas y líderes. Muchos fueron los primeros de su comunidad en lograr un objetivo, a efectuar un cambio, o hacer algo súper genial.

En el 2021, KAMALA HARRIS hizo historia como la primera mujer, la primera mujer de color, y la primera asiática-americana en ser vicepresidente de los EE. UU. Nacida en Oakland, fue la primera fiscal de color del distrito de San Francisco y la primera Senadora de color californiana, antes de mudarse a la Casa Blanca.

Cuando la activista criada en Stockton DOLORES HUERTA vio todos los niños campesinos hambrientos en los 1950, decidió ayudar a organizar a los trabajadores agrícolas para luchar por mejores condiciones laborales. Fue cofundadora de la Unión de Campesinos (UFW, por sus siglas en inglés) y organizó la huelga de Delano de 1965 con 5,000 trabajadores de la uva.

Al crecer en Oakland, el cineasta RYAN COOGLER se emocionó cuando el empleado de una tienda de cómics local le presentó a Pantera Negra, un superhéroe que se parecía a él. Coogler trajo el mundo de Wakanda a la vida en su la película taquillera Black Panther.

La persona más joven en ganar todos los cuatro premios principales en los Grammy, en un año (2020), fue BILLIE EILISH, junto con su hermano Finneas O'Connell, quien escribió y grabó su música exitosa en los dormitorios de su infancia en Los Ángeles.

La leyenda del baloncesto KAREEM ABDUL-JABBAR aprendió su tiro Skyhook en la escuela primaria, mucho antes de que jugara para UCLA y Los Angeles Lakers. Fue el primer jugador de la NBA en anotar más de 38,000 puntos.

La primera mujer hispanoamericana astronauta en ir al espacio y la primera directora hispanoamericana del Centro Espacial Johnson de la NASA, es la DRA. ELLEN OCHOA, quien se crió en La Mesa, y ha registrado cerca de 1,000 horas en el espacio.

BRIDGET "BIDDY" MASON era una esclava cuando llegó a Los Ángeles en 1851, pero para cuando murió libre en 1891, se había convertido en una de las primeras personas de color en ser magnates inmobiliarias y en una de las mujeres de color más ricas.

Nacido con un agujero en su corazón, el campeón de snowboard y nativo de San Diego SHAUN WHITE tuvo que tener varias operaciones cuando era niño. Ya un skater impresionante, a los seis años cambió a snowboarding y ganó tres medallas de oro en los Juegos Olímpicos y estableció el récord por obtener el mayor número de medallas de oro en snowboarding en l os X Games.

Nacida y criada en Los Ángeles, AMANDA GORMAN tenía solo 19 años de edad cuando fue nombrada la primera Poeta Nacional Laureada Juvenil, y en el 2021, leyó su poema "La colina que subimos" en frente de la nación, en la inauguración de la presidencia de los Estados Unidos.

Después de mudarse a California para hacer la escuela de posgrado, e instalándose en Westmoreland, DALIP SINGH SAUND se convirtió en el primer asiático-americano, el primer nativo-americano y el primer sij americano en asumir un cargo en el congreso de EE. UU. en 1957.

MISTY COPELAND fue criada por una madre soltera en la habitación de un motel en San Pedro y no tomó su primera clase de ballet hasta los 13 años. En el 2015, hizo historia cuando se convirtió en la primera bailarina principal de color del American Ballet Theatre.

El actor BRUCE LEE, nacido en San Francisco, revolucionó el deporte de artes marciales mixtas, creando su propio estilo, el Jeet Kune Do, que describió como "el arte de luchar sin pelear".

DR. KAZUE TOGASAKI, quien sobrevivió al Gran Terremoto de San Francisco de 1906 y durante la Segunda Guerra Mundial soportó el internamiento de japoneses en campamentos en Estados Unidos, fue una de las primeras mujeres japoneses-americanas en recibirse de médica en los EE. UU.. ¡Trajo al mundo a más de 10,000 bebés durante su carrera!

Conocida como la Madre del Parque Balboa, la horticultora KATE SESIONES enverdeció el parque de San Diego plantando cientos de árboles. Introdujo buganvillas, jacarandás, poinsettias, y las aves del paraíso al estado.

LOS ÁRBOLES DE JOSUÉ se encuentran en el PARQUE NACIONAL JOSHUA TREE y zonas aledañas, entre los desiertos Mojave y Colorado. Estos árboles retorcidos proporcionan una hogar a lagartijas, insectos y pájaros.

Torbellinos superfuertes llamados DIABLOS DE POLVO pueden formar remolinos en la arena.

Ilumina con una luz ultravioleta al ESCORPIÓN PELUDO Y GIGANTE DEL DESIERTO, y iun químico en su cuerpo los hace brillar en la oscuridad!

Las RATAS CANGURO son como ninjas diminutos, saltando hasta nueve pies en el aire para evitar ataques de serpientes.

¿Reconoces a Tatooine? Dos de las películas de LA GUERRA DE LAS GALAXIAS se filmaron en Valle de la Muerte.

La noche clara y oscura hace que los cielos en el Valle de la Muerte sean un lugar estelar para observar estrellas y avistar CONSTELACIONES.

Sobre el fondo del lago seco de RACETRACK PLAYA, cientos de rocas se mueven misteriosamente ¡por sí mismas! Cuando la temperatura baja después de una lluvia, las rocas se incrustan en sabanas de hielo, y si sopla viento fuerte mientras el hielo se derrite, flotan moviéndose sobre una fina capa de agua.

Escucha atentamente, ¡Las arenas están cantando! Cuando la arena muy seca se desliza por DUNAS DE EUREKA, se escucha un sonido como las notas profundas de un órgano de tubos.

El TERMÓMETRO más grande del mundo, en Baker, de 134 pies de altura, marcó la temperatura más alta registrada en el mundo: 134 grados Fahrenheit haciendo arder el Furnace Creek del Valle de la Muerte en julio de 1913.

Los animales del desierto sobreviven ese paisaje duro de maneras asombrosas. Las orejas largas del ZORRO KIT irradian calor. El LAGARTO DEL MOJAVE no se hunde en la arena caliente debido a los flecos en sus dedos. La serpiente cascabel SIDEWINDER se retuerce para que solo dos puntos de su cuerpo a la vez estén tocando la arena chisporroteante.

Valle de la Muerte

Traigan mucha agua, nos dirigimos hacia el Valle de la Muerte en el desierto de Mojave, cerca de la frontera con Nevada. Cuenta la leyenda que el valle recibió su nombre a mediados del 1800, por un grupo de mineros de oro que atravesaron el valle pensando que era un atajo y se perdieron, y uno de los viajeros murió. No es de extrañar, ya que El Valle de la Muerte es el más bajo, caluroso y el punto más seco de toda Norteamérica. (Por otra parte, los Timbisha Shoshone sobrevivieron aquí sin problemas durante cientos de años). Lo visitamos en el momento en que el desierto se siente más vivo, por la noche.

Asombrados de la madre naturaleza

Terremotos, incendios forestales, inundaciones, sequías, deslizamientos de tierra y volcanes: A la madre naturaleza le gusta volverse salvaje en California. Pero no importa lo que pase, si un peligro aterrador se presenta, los californianos conocen el secreto para mantenerse seguros: Están preparados. Crean planes con sus familias, juntan provisiones, preparan kits de emergencia . . . porque para mantener esa onda Californiacool es fácil cuando estás listo para cualquier cosa.

En terreno inestable

Todos los días los TERREMOTOS sacuden al Estado Dorado. Casi todos son tan pequeños que nunca los sientes. La tierra tiembla cuando la presión se acumula en la falla (donde dos grandes secciones de la corteza terrestre, llamadas placas tectónicas, se tocan). Una de las más grandes es la FALLA DE SAN ANDRÉS, una grieta que se extiende por 800 millas a través del estado, desde el Mar de Salton hasta Cabo Mendocino.

Algunos científicos dicen que Los Ángeles y San Francisco podrían ser vecinas un día (porque las placas tectónicas siempre están en movimiento), pero eso tomaría por lo menos 15 MILLONES de AÑOS para que suceda.

El GRAN TERREMOTO DE SAN FRANCISCO de 1906 fue el primer desastre natural que se fotografio extensivamente. Más del 80% de la ciudad fue destruida (menos por el temblor y más por los incendios que surgieron después). San Francisco necesitó nueve años para reconstruirse.

Haz lugar en el arca, Noé

La GRAN INUNDACIÓN de 1862, la más grande en la historia registrada de California, comenzó después de que llovió durante 45 días y los ríos se desbordaron. El Valle Central se volvió un mar, ahogando a 200,000 cabezas de ganado y arrasando con miles de granjas. La ciudad de Sacramento quedó sumergida bajo el agua, y los edificios de ladrillo de adobe en la parte sur del estado se derritieron formando montones de lodo.

No lo seques

Con tres desiertos, no es de extrañar que California tenga muchas SEQUÍAS. Alrededor de un tercio del agua que California usa proviene del derretimiento de las capas de nieve. Y con el cambio climático haciendo que caiga menos nieve en las montañas, eso significa menos agua potable, cultivos que se marchitan, vida silvestre que muere e incendios forestales que arden más salvajemente.

Todo lo que necesitas es lava

La mayoría de los VOLCANES del estado están inactivos, pero al menos siete tienen magma burbujeante por debajo, lo que significa que podrían entrar en erupción en algún futuro momento. O no. La última vez que hubo una erupción fue en 1915, cuando el pico Lassen en la Cordillera de las Cascadas desparramó corrientes de lava y cenizas calientes por sus laderas.

Rockeando

El segundo METEORITO más grande encontrado en los EE. UU. se descubrió en las montañas Old Woman en el condado de San Bernardino en 1975. La roca espacial pesaba 6,070 libras y está expuesta en el Centro de Descubrimiento del Desierto en Barstow.

Donde están los incendios salvajes

California tiene muchos INCENDIOS FORESTALES. Los poderosos vientos calientes y secos de Santa Ana ayudan a propagar las llamas rápidamente y lejos, especialmente cuando la tierra está reseca. ¿Sabías que, a diferencia de las personas, las llamas de los incendios forestales se mueven mucho más rápido cuando van cuesta arriba?

Los incendios forestales se han vuelto tan enormes que los bomberos tuvieron que inventar una nueva palabra, GIGAFIRE, para describir un solo incendio que quema más de un millón de acres (así que, básicamente, un incendio más grande que el estado de Rhode Island!).

Palm Springs

Estamos al final de nuestra gira loca, y hace caliente! Por suerte, nos estamos por sumergir en Palm Springs. Hay más piscinas por persona en esta tierra de vacaciones en el desierto que en cualquier otro lugar del país. Desde los 1920, las estrellas de cine de Hollywood viajaban a las ciudades turísticas del Valle de Coachella (¡con más de 300 días de sol al año!) para jugar al golf y al tenis, caminar hasta las cascadas del cañón y relajarse sobre los flotadores en la piscina.

Bebe un licuado helado súper dulce de DÁTILES ¡mientras nadas de espalda! El Valle de Coachella produce más del 90% de los dátiles del país. Los dátiles crecen en las palmeras datileras y se originaron 50 millones de años atrás, en el Oriente Medio.

Toma esa dino-selfie con Sr. Rex y Dinny, los famosos y gigantescos DINOSAURIOS de acero y hormigón al borde de la carretera de CABAZON.

Prepárate para el DESFILE DE CARRITOS DE GOLF del DESIERTO DE PALMERAS y diviértete con los carritos trucados que pasan. Hay más de 100 campos de golf en l a zona.

Las celebridades a veces se registran en los hoteles mediante un ALIAS, o nombre falso, para evitar la atención no deseada. Johnny Depp alguna vez fue "Sr. Drip Noodle". ¿Cuál sería tu alias?

¿Por qué las ESTRELLAS DE CINE eligen Palm Springs? En los 1930, a los actores de Hollywood bajo contrato no se les permitía viajar más de dos horas lejos de Los Ángeles. Hola ¡Palm Springs! Una escapada de una hora y 50 minutos de Los Ángeles.

Miles de turbinas gigantes de tres palas de viento (los lugareños los llaman MOLINOS DE VIENTO) en los parques eólicos, crean suficiente energía para alimentar cientos de miles de hogares en el Valle de Coachella.

¿Por qué tantas casas en Palm Springs se ven iguales? Los techos planos, diseños geométricos, y los grandes ventanales de vidrio formaban parte de un estilo arquitectónico popular durante los años 1940-1960 llamado MID-CENTURY MODERN.

El viaje en el TELEFÉRICO de PALM SPRINGS parte desde el suelo del desierto a San Jacinto Peak, una de las subidas más empinadas del mundo.

¿Sabías que Palm Springs tiene UN PASEO DE ESTRELLAS homenajeando a actores, arquitectos, músicos, y hasta algunos presidentes de EE. UU.?

La antigua finca de Frank Sinatra en Twin Palms tiene una PISCINA EN FORMA DE PIANO. ¿Qué forma elegirías?

Raro, más raro, más raro

California puede ser súper rara cuando quiere y a veces las cosas fabulosas no encajan perfectamente en ninguna categoría. Pero esa es la definición de extravagante, ¿verdad? ¡Aquí hemos reunido todas las rarezas!

Año tras año, el FOQUITO CENTENARIO SE ENCIENDE en el departamento de bomberos de Livermore-Pleasanton. El mismo foquito arde desde el 1901.

La CARRERA TRAE TU PROPIO TRICICLO es una prueba desenfrenada por la empinada y sinuosa Vermont Street en San Francisco. Si bien Lombard Street es famosa por sus curvas en zigzag, la calle Vermontces, en realidad, la CALLE MÁS TORCIDA de la ciudad.

EL CALLEJÓN DEL CHICLE en San Luis Obispo es exactamente cómo suena: Un callejón cubierto de chicle masticado de todos los colores y sabores. El primer chicle se pegó en los 1950.

La ROCA PAPA FRITA en el Monte Woodson cerca de San Diego itiene el mismo aspecto que el bocadillo!

Las lindas DAMAS PINTADAS, una hilera de siete casas victorianas coloridas en San Francisco, aparecieron en más de 70 películas y comerciales incluida la apertura del programa de televisión Full House.

California tiene un elemento químico que lleva su nombre. CALIFORNIUM es un metal radiactivo utilizado para la puesta en marcha de reactores nucleares.

En 1900, una ley declaró ilegal enterrar cadáveres en San Francisco, así que los cementerios se trasladaron a la cercana COLMA. Con 17 cementerios (y un cementerio para mascotas), en este pequeño pueblo ilos muertos superan en número a los vivos por 1,000 a 1!

UNA GIGANTESCA ESCULTURA DE OSO llamada Ursa Mater (o Penny Bear) en Tahoe City está hecha de 200,000 centavos. ¿Puedes hacer los cálculos? ¡Ese es un oso de 2,000 dólares!

Hay una MÁQUINA VENDEDORA DE HUEVOS en el Rancho Glaum Egg en Aptos con ipollos robóticos que cantan y bailan!

Enclavado en las montañas de Santa Ynez, el pueblo de SOLVANG se llama la Capital Danesa de América, completa con molinos de viento (iy extrañamente avestruces!)

Un enorme DIENTE DE MEGALODÓN (un tiburón prehistórico tres veces más grande que un tiburón blanco) fue descubierto en las montañas de Santa Cruz. ¿Un tiburón en la montaña? Sí, hace 10 millones de años estas montañas estaban todas bajo el agua.

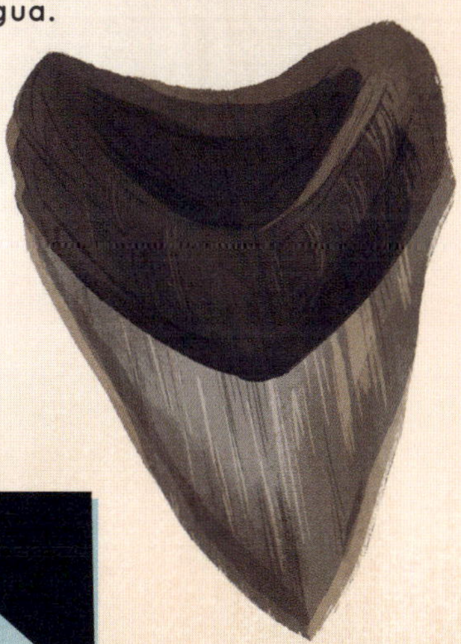

Se fabrican 1,680 jelly beans por segundo en la FÁBRICA JELLY BELLY de Fairfield. EL presidente Ronald Reagan (que fue gobernador de California) tenía una cazuela de ellos en su oficina y mantenía que él podía decir mucho sobre una persona por el sabor que elegían.

Este GRAN estado tiene varias instalaciones GRANDES vecinas a la carretera:

Alcachofa—Castroville
Caja de pasas de uva—Kingsburg
Juego de ajedrez—Morro Bay
Almeja—Pismo Beach
Dinosaurios—Cabazon
Donas—Inglewood
Martillo—Eureka
Rueda de hámster—Point Loma
Limón—Lemon Grove
Aceituna—Lindsay
Vaso de papel— Riverside
Aguja de coser—Sacramento
Termómetro—Baker

Index

A

B

C

D

E

F

G

H

I

J

K

L

M

N

O

P

Q

R

S

T

U

V

W

X

Y

Z